MYSTÈRES

JOUÉS A FLEURY ET A ORLÉANS

EXTRAIT DU TOME IV
DES LECTURES ET MÉMOIRES
DE L'ACADÉMIE DE SAINTE-CROIX

MYSTÈRES

JOUÉS A FLEURY ET A ORLÉANS

PAR

M. Ch. CUISSARD

MEMBRE DE L'ACADÉMIE DE SAINTE-CROIX

ORLÉANS

H. HERLUISON, LIBRAIRE-ÉDITEUR

17, RUE JEANNE-D'ARC, 17

—

1879

MYSTÈRES

JOUÉS A FLEURY ET A ORLÉANS.

Orléans reçut une double éducation, l'une purement religieuse jusqu'au XIIIe siècle, et l'autre toute littéraire. La première fut due aux grandes abbayes dont l'influence a été immense, comme on est forcé de l'avouer ; semblables à des abeilles en une ruche, les moines apportèrent dans notre pays le fruit de leur science et de leurs prières et quand leur rôle eût été terminé, et que la France eût été définitivement placée sur ce piédestal inébranlable que rien jusqu'ici n'a pu renverser, ni les guerres, ni les révolutions, parce qu'il était tout entier de dévouement et de sacrifice, notre ville reçut une seconde éducation qui fut le résultat de l'enseignement donné dans son Université à la nouvelle jeunesse accourue de toutes parts.

Les mœurs de notre cité durent se ressentir de ce double courant : la religion et les lettres, le monastère et l'Université. Or, il nous semble que ces deux influences se manifestent surtout dans les mystères dont les joies fugitives remplirent les longs ennuis du moyen-âge. Les seigneurs, les clercs pouvaient bien se délecter des allégories parfumées de Guillaume de Lorris et sourire en lisant les érudites méchancetés de

Jehan de Meung, leurs compatriotes aimés ; il leur eût été facile de mettre tout ce bel esprit en scène et croire que cela les amusait. Mais le peuple n'entend pas tant de malice, il ne rit et pleure qu'à bon escient. Les mystères le firent pleurer, il fallait bien aussi se résoudre à le faire rire.

De là, deux sortes de mystères, les mystères proprement dits et les moralités, farces ou soties. Cette division concorde parfaitement avec la double vie dont furent animés nos pères, la première est sérieuse, c'est la vie du cloître, la seconde plus gaie fut le fruit de notre Université.

Notre pays dut avoir aussi ses mystères ; il est hors de doute qu'il aimait la musique et la danse, nous l'avons montré ailleurs ; les représentations théâtrales ne pouvaient manquer de lui convenir, surtout les farces et les moralités : fut-il, en effet, un peuple plus guépin. Et l'histoire du moyen-âge resterait incomprise, si l'on ne descendait dans sa vie intime, dans les entrailles pour ainsi dire de son existence, et nous ne croyons pas qu'il y ait rien de plus intime que ces mystères, farces ou soties, parce que, dans ces fêtes, nous découvrons les habitudes et les mœurs d'un peuple se réflétant au naturel et redevenant véritablement lui-même.

Ce sujet est important ; son intérêt ne peut manquer d'être grand, et cependant aucun de nos historiens ne nous en a parlé : attentifs à noter les événements de notre province, ils n'ont pas jugé à propos de nous laisser le moindre détail sur ces solennités religieuses et littéraires. Nous regrettons leur silence, parce qu'ils nous auraient montré comment nos pères s'amusaient tout en s'instruisant, et de quelle manière ils charmaient leurs fatigues en écoutant soit les mystères, soit les moralités. Ce que nous pourrons dire sera loin de suppléer à ce qu'ils n'ont point raconté : du moins nous n'affirmerons rien sans preuve.

Nous examinerons les pièces qui furent jouées à Fleury, et là nous demeurerons dans l'élément religieux ; ensuite nous aborderons l'élément civil dans les mystères représentés à Orléans, et de la sorte, nous exposerons le double courant qui anima nos ancêtres.

I

Il nous serait facile de montrer ici l'influence plus ou moins directe de la Grèce sur notre pays. On croit généralement que son génie apparut tout-à-coup sur la scène au XVe siècle, comme si la Gaule n'avait pas été, pour ainsi dire, imprégnée de cet élément hellénique qui fit sa vie comme il devint la source la plus pure de sa gloire. Fleury, lui aussi, en ressentit la douce influence, et à une époque où la muse tragique était ignorée de la France, ce monastère, grand entre tous, puisait, probablement dans la lecture des ouvrages grecs, les idées qu'il développa au XIIIe siècle en faisant jouer des mystères.

Les poètes tragiques ou comiques de la Grèce empruntèrent à Homère le sujet de leurs chants ; la Bible présentait à nos modestes moines une source dont la pureté n'avait d'égal que l'abondance.

Chez les Grecs, aux fêtes Dionysiaques célébrées avec beaucoup de joie, on chantait des hymnes enfantés dans les accès vrais ou simulés du délire poétique : c'étaient des dithyrambes d'où s'échappaient quelquefois des saillies de génie et plus souvent encore les éclairs ténébreux d'une imagination exaltée. Pendant qu'ils retentissaient aux oreilles attentives de la multitude émue, des chœurs pieusement rangés autour des images des dieux racontaient leurs actions sous forme de dialogue ; car les premières pièces, si l'on peut donner ce nom à des ébauches informes et grossières, avaient la divinité pour sujet. Nos mystères ne furent pas autre chose dans le principe. Qu'on ouvre les vieux cérémoniaux du moyen-âge, et l'on sera convaincu de ce que nous avançons.

Les proses ou séquences chantées avant l'Évangile et dont la longueur nous semble démesurée, qu'étaient-elles d'abord, sinon une agréable modulation terminant la grande doxologie *in sæcula sæculorum ?* Abbon et Létald, pour ne citer que les auteurs les plus connus de notre pays, composèrent de semblables séquences et les mirent en musique au commencement du xie siècle. Bientôt on y substitua des chants destinés à raconter les louanges du saint dont l'Eglise célébrait la fête, et quelquefois, deux clercs revêtus de la chape, montaient à l'ambon et chantaient alternativement l'un en latin, l'autre en roman, la gloire du martyr ou les vertus du confesseur.

Les épîtres farcies, appelées ainsi sans doute à cause du mélange des deux idiomes, ne se trouvaient pas à Fleury ; mais (1) nous possédons une suite de mystères extrêmement précieux qui, bien que rapportés dans un manuscrit du xiiie siècle, furent probablement joués plus tôt. C'est ainsi que cette noble abbaye, dont l'influence avait été si grande au xie siècle, continuait à jeter un vif éclat par cette heureuse innovation, produit de sa science et de son enthousiasme poétique.

Le manuscrit 178 (2) nous donne dix tragédies latines rimées dont quatre sont en l'honneur de saint Nicolas et les six autres célèbrent les mystères chrétiens : nous avons ainsi l'explication de la vie monastique et liturgique.

Au moyen-âge, il y avait surtout deux fêtes que l'Eglise entourait d'un éclat inaccoutumé, c'étaient Noël et Pâques dont la tiédeur de nos jours comprend à peine les charmes. Or, pour les moines, de grandes réjouissances étaient méritées par de rudes austérités. Chacun sait, en effet, que la règle de saint Benoît, malgré sa douceur

(1) Bien que Fleury ne nous ait laissé aucun mystère en langue romane, il ne faudrait pas en conclure que cet idiome fut inconnu, car la bibliothèque publique possède dans le ms. 376 le plus ancien des documents connus après le serment de Louis le Germanique en cette langue ; d'ailleurs un des disciples d'Abbon, Girald, avait écrit le fameux poème de *Wauthier d'Aquitaine* dans son idiome maternel qui était le roman.

(2) Ce manuscrit est un petit in-4° de 250 pages : les pièces, qui viennent après des sermons, s'étendent depuis la page 176e jusqu'à la 244e ; la musique est notée sur quatre lignes.

paternelle, ordonne deux carêmes : l'un, qui commence au 14 septembre et se termine à Noël, est appelé monastique pour le distinguer du second qu'on nomme quadragésimal et dont Pâques amène la fin. On conçoit dès lors avec quelle joie légitime et avec quelle sainte impatience était salué le retour périodique de ces grandes fêtes. Le mystères qu'on y représentait faisaient oublier toutes les fatigues imposées par la Règle et par l'Église.

Ces deux époques étaient pleines de charmes. La première période s'ouvrait avec la saint Benoît d'hiver dont la solennité se célébrait plus pompeusement que celles de mars et de juillet (1) ; le lendemain commençaient les mystères de saint Nicolas, puis venait le drame de saint Lazare, et enfin Noël et les saints Innocents complétaient le sacré septenaire par le nombre de leurs tragédies.

Pâques était le signal de la seconde partie de ce cycle liturgique ; aussi notre manuscrit nous donne pour cette période trois mystères, la Résurrection, le Voyage d'Emmaüs et la Conversion de saint Paul. Nous voyons encore ici un nombre sacré, celui de trois pour indiquer le temps que le Sauveur passa dans le tombeau.

Tant il est vrai que tout servait d'enseignement à ces moines dont la vie n'appartenait plus à la terre même au milieu de leurs plus douces jouissances. « C'est ainsi, dit Bossuet, que l'Eglise inspirée de Dieu et instruite par les saints apôtres, a tellement disposé l'année qu'on

(1) Hanc translationem in Ecclesia Aurelianensi celebramus insigniori officio quàm festum ipsum S. Benedicti mense martio aut mense Julio. (*Annales Ecclesiæ Aurelian*, p. 188.)

y trouve avec les mystères de Jésus-Christ le vrai fruit de
toutes ces choses dans les admirables vertus de ses ser-
viteurs et dans les exemples de ses saints (1). »

Ce double cycle avait donc de quoi divertir les moines
et ces fêtes voyaient accourir à Fleury une multitude
d'étrangers, au point que souvent les vivres manquèrent
et qu'il fallut recourir à la puissante intercession de
saint Benoît.

Ces jeux avaient pour but principal l'édification des
moines, puisque tous ils représentaient des mystères
chrétiens et des légendes qui n'étaient guère moins goû-
tées, surtout quand il s'agissait, non de la liturgie ordinaire, sur laquelle veillait l'œil vigilant des Papes, mais
de cette sorte de liturgie facultative, extraordinaire, pour
ainsi dire, qui s'y était juxtaposée et à laquelle se ratta-
chent les développements du drame chrétien.

Mais les légendes prêtaient davantage à ce développe-
ment dramatique ; aussi nous ne nous arrêterons pas
sur les jeux représentant les vérités de la religion, bien
qu'ils soient les seuls dans leur genre, parce que l'imagination n'a rien ajouté au récit évangélique, si ce n'est
la mise en scène.

Quant à ceux que fournit la légende de saint Nicolas,
ils ont une importance réelle. Toutefois, nous n'examinerons pas ici leur priorité sur tous les autres portant
le même nom ; (2) nous nous bornerons à montrer ce
qu'ils furent à Fleury.

(1) *Oraison funèbre de Marie-Thérèse.*
(2) Nous nous proposons d'étudier cette question dans un travail

Depuis bien des siècles, on peut même dire depuis la fondation de l'abbaye, une jeunesse nombreuse se pressait dans le cloître, avide d'y recueillir les nobles enseignements de la science et de la vertu : des maîtres habiles, non contents d'instruire ces heureux enfants et d'entretenir parmi eux une sainte émulation, cherchaient encore à dissiper les ennuis inséparables d'un long travail et d'une discipline parfois sévère, car la règle permettait l'usage des verges (1). Dans ce but, un moine, dont le nom restera toujours inconnu, composa ces jeux en l'honneur de saint Nicolas.

D'ailleurs il ne faut pas oublier que dans les écoles du xiᵉ et du xiiᵉ siècle, il y avait les novices et les étudiants, dont le régime différait beaucoup. Les novices qui se destinaient à la vie religieuse étaient entièrement séparés des simples étudiants avec lesquels ils n'avaient aucun rapport, si ce n'est peut-être pendant les heures de classe. Pour eux, aucun souvenir du monde ne venait troubler la tranquillité du cloître; leurs années s'écoulaient dans la prière et le recueillement ; ils étaient les prédestinés de Dieu.

Les étudiants au contraire, ou les écoliers proprement dits, devaient rentrer dans le monde, soit comme

spécial ; les manuscrits de Fleury contiennent plusieurs documents forts intéressants à ce sujet.

(1) Quoties pueri, vel adolescentiores ætate aut qui minus intelligere possunt quanta pæna sit excommunicationis, hi tales dùm delinquunt, aut jejuniis nimis affligantur, aut acribus verberibus coerceantur, ut sanentur. *Regula S Benedicti,* cap. xxx, Cf. capita xlv et lxx.

prêtres seculiers, soit comme simples clercs, soit même comme laïques de diverses conditions; de sorte que l'ignorance attribuée à la noblesse du moyen âge n'était pas aussi générale qu'on se le figure (1).

Pour les uns comme pour les autres, il fallait des réjouissances, et la fête de saint Nicolas était une occasion. Aussi pensons-nous que les quatre mystères de notre ms. 178, en l'honneur de ce grand patron de la jeunesse furent composés surtout en vue des étudiants.

En effet la première pièce nous montre un père désolé de ne pouvoir marier convenablement ses trois filles, parce qu'elles n'ont point de dot. Sans argent, dit-il, en se lamentant, il n'y a point de joie? Que sont la beauté, la naissance, la pureté des mœurs, la jeunesse, la gloire, sans argent ?

> Heu! heu! perierunt hujus vitæ gaudia
> Forma, genus, morum splendor, juventutis gloria
> Cum probatur nichil esse dum desit pecunia.
>   O rerum inopia !

Et la pièce retentit sans cesse de ces deux mots venant comme un refrain : *Me Miserum.*

---

(1) Une charte du comte Eccard prouve qu'il savait apprécier la science. En effet, voici la liste des livres qu'il possédait et dont il donne une partie à Fleury-sur-Loire : *Missale plenarium, Evangelia, Epistolæ, Antiphonaria, Libellus de arte militari, Isidorus, Vitæ sancti Laurentii et sancti Gregorii, Prognosticorum libri duo, Libellus de agricultura, Gesta Langobardorum, Chronicon Gregorii. Turonensis, minus psalterium, Libellus de Maria Ægyptiaca, Evangelium Theudiscum, vita sci Antonii, Canones pœnitentiales. Liber Ambrosii de Mysteriis.* (Cartulaire de Fleury, (anno 875) Cf. Spicilegium Acherii, t. II, p. 877.

Les filles essaient de consoler leur père ; mais le vieillard ne retrouve sa joie *Me beatum* que lorsque saint Nicolas lui apporte un trésor.

Dans la seconde pièce, nous voyons la miraculeuse résurrection de trois écoliers voyageurs. L'intérêt se développe dans trois scènes : l'arrivée des jeunes gens qui, au lieu de l'hospitalité reçoivent la mort, l'apparition de saint Nicolas sous la forme du pèlerin, fatigué de sa route, et enfin la découverte des corps des écoliers que la puissance du saint rappelle à la vie.

La troisième a pour sujet la conversion d'un juif qui, ayant mis sa maison sous la protection de saint Nicolas, retrouve son trésor perdu. Cette pièce est une véritable comédie dont les scènes ne pouvaient manquer d'exciter le rire. On sait de quelles plaisanteries amères on poursuivait les juifs au moyen-âge, et nous trouvons ici un trait de mœurs, car les juifs ont toujours été en grand nombre dans l'Orléanais.

En effet, ce juif, confiant dans l'image du saint évêque, avait négligé de faire mettre une serrure à son coffre-fort et sort pour aller aux champs. Pendant son absence, des voleurs arrivent et cherchent à s'emparer du trésor. « O mes amis, dit l'un d'eux, marchez plus doucement, car un homme comme lui garde avec plus de précaution que tout autre son bien pour lequel sa vigilance est rarement mise en défaut (1). »

(1)   O mei comites, ite suavius
        Vosque prospicite nunc diligentius
        Vir talis cautius servat quam alius
        Rem de qua metuit, et vigilantius
            Est servata...

La colère du juif, quand il rentre et qu'il ne retrouve
plus son or, rappelle l'*Aululaire de Plaute.* « Ah! je
suis perdu! Plus rien! Pourquoi ai-je commencé à vi-
vre? Pourquoi, ma mère, pourquoi, père cruel, m'avez-
vous donné l'être? Hélas! à quoi me sert-il d'avoir été
engendré et mis au monde? Pourquoi, mère nature, me
faisais-tu naître, toi qui prévoyais pour moi ce mal-
heur. Mais qui accuserai-je de cette ruine complète?
Tout à l'heure, j'étais riche, ou du moins je ne man-
quais presque de rien, j'avais de l'argent, des vêtements
précieux, de l'or, et maintenant me voilà misérable, ma
pauvreté me devient un fardeau d'autant plus lourd que
je n'ai jamais appris à la supporter (1). »

Après ce dernier trait qui est une réminiscence d'O-
vide, le juif passe de l'excès de la douleur à l'excès de
la joie, car saint Nicolas apparaît aux voleurs et les con-
traint de rapporter le trésor volé. Aussitôt dans son al-
légresse, il entonne une chanson dont le refrain était
sans doute répété en chœur par les étudiants :

« Réjouissez-vous avec moi, chers amis, j'ai retrouvé tout ce que
j'avais perdu. Réjouissons-nous.

(1) Vah! Perii! Nihil est reliqui mihi : cur fore cœpi?
    Cur, mater, cur, sæve pater, fore me tribuisti,
    Heu! quid proferri mihi profuit aut generari?
    Cur, natura parens, consistere me statuebas,
    Quæ luctus mihi, quæ gemitus hos prospiciebas?
    Quod querar in tantam mihi crimen obesse ruinam?
    Qui modo dives eram, vix aut nullius egebam,
    Pollens argento, pretiosis vestibus, auro :
    Sum miser, idque meæ moles est pauperiei :...
    Quod levius ferrem, si ferre prius didicissem.

« Ce que j'avais perdu par mon incurie, m'est rendu par la bonté de saint Nicolas. Réjouissons-nous.

« Louons ensemble ce serviteur de Dieu, abjurons une erreur qui nous aveugle. Réjouissons-nous.

« Afin que les ténèbres étant chassées de nos cœurs, nous partagions son bonheur. Réjouissons-nous (1). »

Cette pièce se distingue par des traits assez heureux: le mélange de vers tantôt longs, tantôt courts lui donnait beaucoup de charmes qu'augmentait encore le rhythme musical fortement cadencé.

La quatrième enfin nous semble avoir été inspirée par les Croisades: elle nous montre le fils de Gétron prisonnier de Marmorinus, roi des Agaréniens, délivré miraculeusement par l'invocation de saint Nicolas (2).

On nous pardonnera ces détails que nous aurions voulu multiplier; ils suffiront pour faire comprendre l'importance de ces représentations qui ne pouvaient

(1) Congaudete mihi, carissimi.
  Restitutis cunctis quæ perdidi
   Gaudeamus !

  Quæ mea dispersit incuria
  Nicolai resumpsi gratia
   Gaudeamus!

  Conlaudemus hunc Dei famulum
  Abjuremus obcœcans idolum;
   Gaudeamus !

  Ut errore sublato mentium
  Mereamur ejus consortium.
   Gaudeamus !

(2) Il y aurait une très-curieuse étude à faire sur cette pièce, dont le fond a peut-être été inspiré par la délivrance de saint Louis.

manquer d'intéresser tous les étudiants; car les écoliers nombreux, venus de toutes parts se reconnaissaient dans ces paroles :

Nos quos causa discendi litteras
Apud gentes transmisit exteras...

Ces mystères étaient pour eux une véritable fête.

En outre nous pouvons établir à quel moment on les jouait. L'office canonial, on le sait, commence la fête d'un saint à midi par les premières Vêpres : or une tragédie nous le montre :

In crastino erit festivitas
Nicholai quem chritianitas
Tota debet devote colere
Venerari et benedicere.

Venait ensuite l'antienne qui ouvrait les Vêpres.

Avant la chûte du jour, immédiatement après l'hymne de la fête se représentait la seconde où nous trouvons ces mots :

Dum sol adhuc extendit radium
Perquiramus nobis hospitium.

Les Matines du lendemain étaient suivies d'une troisième, car à la fin de la pièce on chante le *Te Deum*. La dernière et la plus importante se jouait immédiatement avant la messe, qui commençait par *Statuit ei Dominus*.

Par ce que nous venons de dire, on croira peut-être que les offices devaient être d'une longueur démesurée :

3

il n'en était rien; ces pièces en effet sont fort courtes, et d'ailleurs elles étaient chantées, et de cette façon tout ennui se trouvait enlevé.

Dans ces tragédies qui ont été publiées (1), la langue latine est facile, sans aucune élégance, cependant on les lit avec un vrai plaisir, parce qu'il n'y a aucune tournure embarrassante; on sent qu'elles ont eu des enfants pour auditeurs et que la moindre difficulté eut enlevé toute espèce de charmes. La musique en a été publiée.

Tous ces mystères étaient écoutés avec une grande joie et le monastère se réjouissait à l'avance quand on annonçait leur représentation. C'est qu'en effet tout portait l'empreinte de la grandeur. La pièce se jouait dans la basilique de Fleury : qu'on se figure un mystère dans l'église de Saint-Pierre, dont les voûtes avaient été peintes à fresque par Odolric, moine de Saint-Julien de Tours, les murailles couvertes de tableaux empruntés soit à l'Apocalypse, soit à la vie du patron, le chœur revêtu de cuivre d'Espagne délicatement travaillé, de place en place des colonnes pratiquées par l'habile ciseau de Nivard, d'Italie, dans les piliers dix-huit plaques de métal poli réfléchissant les images comme des miroirs. Tout à coup apparaissait l'abbé qui montait sur un trône éclatant, dont les côtés étaient soutenus par deux lions de bronze et le dais surmonté de deux globes de métal : de robustes moines l'entouraient et lui formaient un cortège. Bientôt le grand chantre, de

(1) *Li jus de sainct Nicholas*. Paris, 1831.

son bâton orné de pierreries, donnait le signal. Les religieux chantaient alors et la voix harmonieuse des enfants et des novices leur répondait, tandis que l'orgue majestueux servait d'orchestre.

Tout cet ensemble ne donne-t-il pas une haute idée du plaisir que devait éprouver cette belle jeunesse élevée sous le regard si doux de Dieu? La nature à cette époque de foi n'était point un mécanisme impassible, soumis à d'éternelles et irrévocables lois : toute pleine de saintes influences, elle obéissait à chaque instant à la volonté arbitraire de Dieu et à la puissante intercession des justes. La prière était une sorte de magie qui triomphait de toutes les résistances de la matière. Noble pressentiment de la souveraine royauté de l'intelligence. L'univers ému tressaillait à la voix de l'homme, les tombeaux rendaient leurs proies, les cieux laissaient descendre des visions divines. Les statues des saints s'agitaient sur leurs bases de pierre; dans l'ombre de la nuit, on écoutait la voix plaintive des trépassés et le jour on attendait avec anxiété le son de la trompette de l'ange, signal du jugement dernier. La terre était si malheureuse alors, dit un auteur, qu'il fallait bien se souvenir du ciel.

Ces mystères étaient donc bien faits pour amuser les jeunes écoliers : une chose cependant a dû nous étonner, aucune tragédie ne célèbre les actions merveilleuses du grand patriarche. Peut-être le tombeau parlait assez de lui-même, et d'ailleurs toutes les décorations de l'église, les sculptures et les peintures rappelaient continuellement son souvenir : trois fêtes qui avaient lieu en mars, en juillet et en décembre, suffisaient pour faire aimer ce grand nom.

Telles furent ces tragédies latines : l'homme de nos jours n'y voit que des phrases rimées ; mais celui qui avide des choses d'autrefois, lit ces mystères, est frappé de la simplicité de l'action, du merveilleux qui plaisait tant à cette époque et se rend compte de l'enthousiasme que ces fêtes religieuses et littéraires étaient appelées à produire. Ces drames sont naïfs comme l'époque qui les enfanta ; mais il ne faut pas oublier qu'ils furent les premiers essais de la muse tragique, habituée à n'entendre que l'autre drame fourni par la récitation ou plutôt par le chant du bréviaire ; ils charment encore parce que le beau sera éternellement vrai et qu'il aura toujours le privilége de réjouir les cœurs sensibles et passionnés pour le bien.

II

C'est ainsi que le monastère de Fleury innovait par ces dix drames, et notre pays peut à bon droit se glorifier d'avoir vu le premier en France la représentation de mystères qui désormais vont se répandre partout et quitter le cloître pour réjouir le peuple assemblé dans les cathédrales.

Il est à présumer que les étudiants des grandes écoles d'Orléans eurent, comme ceux de Paris, des chansons dont la poésie tantôt métrique, tantôt rythmique, parlait la langue de l'église et de l'école, tout en faisant, parfois au-delà de toute mesure, des emprunts à la verve

et à la musique populaires et même à cette tradition de
bouffonnerie que les jongleurs de bas étage avaient
transportée, à travers les flots de l'invasion barbare, des
tréteaux du Bas-Empire dans les foires du haut moyen-
âge.

Sans doute des saillies de gaieté comique se mêlaient
volontiers aux larges effusions d'une piété à laquelle
l'Église, en mère toujours bonne, laissait la bride un peu
lâche ; rien, cependant, ne nous est parvenu de ces
compositions (1).

Mais les étudiants, sortis du cloître, et à plus forte
raison, ceux qui avaient puisé leur instruction aux écoles épiscopales, rentrés dans les rangs de la société ci-
vile, ne perdaient point le goût des plaisirs de l'esprit,
des compositions musicales et poétiques qui avaient
charmé leur enfance. Ils s'efforçaient, au contraire,
d'unir la savante culture qu'ils avaient acquise aux dons
plus spontanés de la poésie profane.

Les confréries pieuses qui, dès le commencement du
xiie siècle, se mirent à composer et à représenter, à
côté des drames latins des étudiants et sur le même pa-

(1) Nous possédons bien quelques chansons, œuvres des écoliers
orléanais, mais elles ne datent que du commencement du xvie siècle Telle est la fameuse chanson :

Au joli jeu du poussavant

composée par l'écolier musicien, Piachet Dupont. Telles sont aussi
les chansons de Sévin, qui ainsi que d'autres chansons contempo-
raines furent imprimées par Pierre Attaignan, le plus ancien des
éditeurs, dont l'officine était sise en la rue de la Harpe, devant le
bout de la rue des Mathurins, près l'église de Saint-Cosme.

tron, mais élargi, des drames sacrés en langue vulgaire,
se recrutèrent certainement, pour une bonne part, parmi les anciens élèves des écoles épiscopales ou monastiques, devenus de bons bourgeois sans cesser toutefois
d'être clercs.

En effet une ère nouvelle allait commencer : à l'enseignement monastique succédait l'enseignement uni-
versitaire, si l'on peut employer pour cette époque une
expression de nos jours. Les temps changeaient, les
goûts changeaient aussi : la langue française avait triom-
phé de la langue latine (1), et le drame qui avait quitté
le monastère pour étaler ses représentations soit dans
les églises, soit même dans les rues, eut bientôt trouvé
des poètes ; des corporations, des confréries laïques se
formèrent pour jouer leurs mystères.

Orléans, qui maintenant attirait dans son sein la foule
enthousiaste que nous avons vue à Fleury, ne pouvait res-
ter en arrière ; comme Paris, cette ville eut sa corporation,
avec ses règlements, ses officiers et même ses priviléges.
Le chef, nommé empereur ou basèle, dont le nom donna
naissance aux bateleurs, portait une toque pareille à
celle du roi de France ; mais nous n'avons aucune pièce

______

(1) Notre Bibliothèque publique nous fournit deux manuscrits
de cette époque (336 et 337) contenant en français, l'un le Code
Justinien, l'autre les Institutes du même empereur. Nous savons
d'ailleurs que l'Université se servait de cette langue, employée
pour paraphraser le livre de Job, suivant un ms. de saint Benoît
ayant appartenu à Jacques Daniel, moine de cette abbaye et qui
nous donne le nom de Nesson, ancien poète, romancier français.
(Ms. 376.)

de cette époque, et nous devons arriver au XVe siècle. L'esprit orléanais se recueillait ; aux miracles des saints qu'on ne lisait plus guère, parce qu'on ne croyait plus à la puissance de leur intercession, aux mystères qui laissaient la foule froide et indifférente, il fallait ajouter de pieuses allégories qu'on appela moralités. Des manants pour la plupart illettrés avaient pu amuser si longtemps les bourgeois et le peuple, que serait-ce quand on verrait des clercs *lisants* et *latinisants*, des régents d'écoliers, à la fois acteurs et auteurs qui auraient « langue diserte et langage propre avec les accents de prononciation décente ? »

Pour nous guider, nous n'avons que les comptes de la ville dont les paroles sèches nous seront cependant d'une grande ressource et tiendront lieu d'histoire.

Les premiers textes qui se présentent à nous ont rapport au 8 mai. Avant la délivrance d'Orléans par Jeanne d'Arc en 1429, les comptes ne parlent jamais de mystères joués sur les *eschaffaulx* : c'est à cette date seulement et trois années après, en 1432 que nous lisons les détails suivants propres à nous intéresser. A cette fête du 8 mai, on dressa le long des rues des échafauds sur lesquels étaient placés des chanteurs qui faisaient entendre des hymnes et des motets en l'honneur de Jeanne d'Arc et contre les Anglais.

Est-il étonnant que les Orléanais aimassent à rappeler ce souvenir encore vivant dans leurs mémoires et à se moquer des ennemis, puisque durant le siége, ils avaient envoyé au camp anglais plusieurs violons pour se distraire? Mais, en continuant, les comptes nous donnent à la même fête de l'année 1435 un véritable mystère.

« A Guillaume le charron et Michelet Filleul, pour don a eulx faict pour leur aider à paier leurs eschaffaulx et aultres dépenses par eux faictes le VIIIᵉ jour de mai mil ccccxxxv, que ilz firent certain *mistaire* ou boloart du pont durant la procession, payé III réaux d'or. Pour ce 72 sols p. »

Que représentait le mystère dont il est ici question? Les comptes de la commune ne donnent pas d'autres renseignements et les historiens de la ville sont muets à cet égard. Mais n'est-il pas infiniment probable qu'il représentait l'évènement dont on célébrait l'anniversaire? Quel spectacle plus intéressant pouvait-on offrir aux Orléanais que celui d'un fait d'armes dont ils étaient fiers à juste titre et auquel un grand nombre d'entre eux avaient pris une si belle part.

Ainsi le voudraient Messieurs Guessard et de Certain qui nous ont donné *le Mystère du Siége d'Orléans*. Sans doute les Orléanais reconnaissants peuvent l'avoir fait; mais comment croire qu'ils aient vu défiler devant eux plus de cent personnages, débitant 20,529 vers, sans compter les nombreuses pauses nécessitées par le son des trompettes et le bruit des musiques. Sans doute encore plusieurs jours eussent pu être consacrés à la représentation d'un si long mystère, et le peuple, plein d'enthousiasme l'eût écouté avec la naïveté et la bonhomie qu'il apportait pour des sujets moins intéressants. Cependant le silence des historiens nous étonne, et lorsque les moindres faits concernant notre héroïne sont dits dans tous les détails, ce mystère n'eut pas même été nommé : cela nous semble de l'ingratitude. D'ailleurs pour soutenir leur opinion, les savants édi-teurs n'ont que ce texte auquel ils donnent une trop haute portée, et les trois suivants que les comptes met-tent en l'année 1439.

« A Mahiet Gaulchier, paintre, le XIIIe jour du moys d'avril pour faire les jusarmes et haches et une fleur de liz et deux godons, par marchié fait à lui en la chambre de ladicte ville, pour faire la feste du lièvement des Tou-relles, 12 livres, 16 sols p. »

« A Jehan Chanteloup, pour avoir vacqué neuf jour-nées à faire les eschaffaulx de la procession des Tou-relles et pour unze charroiz pour mener et ramener le bois qu'il failloit à faire lesdiz eschaffaulx, pour ce 44 sols p. »

« A Jehan Hilaire, pour l'achat d'un estandart et ban-nière qui furent à Monseigneur de Reys, pour faire la manière de l'assault comment les Tourelles furent prin-ses sur les Anglois le VIIIe jour de may, VII livres tournois qui vallent à Paris CXII sous parisis : pour ce CXII sols p. »

Ce souvenir accordé au fameux baron qui fut pendu pour ses crimes et dont le nom est devenu populaire ne prouve pas absolument que la pièce où il figure ait été jouée à Orléans aux époques indiquées. Sans doute sa présence dans notre ville pendant le siège ne soulève au-cun doute; mais il est difficile d'admettre qu'il y ait séjourné longtemps, comme l'affirme sans preuve M. Ar-mand Guérauld (1), et « qu'il y ait fait représenter sur

(1) *Biographie bretonne*, 1855.

la place publique avec plus de magnificence qu'on n'en avait déployé à l'entrée de Charles VII à Paris, les grands mystères représentant le siége d'Orléans, avec personnages sans nombre. »

Une seule chose reste certaine, c'est que ce mystère vient de Fleury, comme l'indique le manuscrit, et alors l'auteur ou les auteurs seraient Orléanais. Car nous pensons qu'il ne fut jamais joué tel qu'il est, bien qu'il soit entièrement revêtu de la couleur locale : l'intérêt manque au récit, et le peuple se serait promptement fatigué des ennuyeuses tirades et des longueurs infinies dont abonde ce poème au milieu de quelques rares beaux vers. Nous croirions plus volontiers que dans les comptes de la ville il s'agit de certaines pièces satiriques débitées chaque année contre les Anglais et qui furent interdites le 1ᵉʳ mai 1514 par une ordonnance de la cour, attendu que d'après l'usage établi à Orléans de construire des échafauds le long des rues par où passait la procession, on y chantait des motets injurieux contre les Anglais avec lesquels on venait de faire la paix par le mariage de Louis XII avec la sœur du roi.

Mais si les preuves nous manquent pour établir l'assertion des éditeurs de ce grand mystère tout Orléanais (1), il n'en est pas de même des autres mystères représentés à Orléans. Car lorsque Charles, duc d'Orléans vint dans sa ville avec Marie de Clèves, sa jeune épouse, le 24 janvier 1440, les échevins pour les recevoir et fêter dignement, firent jouer divers mystères ou

(1) *Le Mystère du Siége d'Orléans*, fut publié par MM. Guessard et de Certain. Imprimerie impériale, 1862.

personnages, comme celui des *Laboureurs, des Vertus morales, le combat de David et de Goliath*, et autres agréables sujets. Et même, les comptes sortant de leur réserve ordinaire nous donnent les noms de certains acteurs.

« A Jehan du Moustier et Laurencin du Moustier et à Gilles le *basèle* pour avoir été jouer à la ville aux chaffaulx, xlviii sols.

« Pour Denis, le pâtissier, pour entretenir ceux qui firent Goliat et David, devant Saint-Pierre-Empont, pour leurs dépenses à attendre Monseigneur, iv l.

« Pour dépenses faictes par Jehan l'Allemand, Faverin et Coulon qui estoient à faire des personnages à la rue Saint-Étienne, vi sous.

« Pour Le Biernays, pour avoir faict un eschaffaulx au dehors de la porte Saint-Agnan où estoient les personnages des Laboureurs, xx sous, etc... »

Nous pourrions citer encore d'autres comptes qui placent des « eschaffaux et des personnages » à Saint-Victor, au cloître Sainte-Croix, au Pilori, à Saint-Agnan, à Saint-Pierre et autres lieux et carrefours : de là nous tirons cette conséquence que les Orléanais aimaient beaucoup ces représentations ou plutôt ces farces. Qu'étaient en effet ces personnages sinon des plaisanteries ; nos recherches à ce sujet ont été vaines. Nous n'avons retrouvé ces moralités dans aucun recueil, elles seraient donc du crû orléanais et par conséquent elles nous intéresseraient doublement. Espérons qu'un jour une bonne fortune les fera découvrir.

Six ans après cette entrée solennelle du duc dans sa

bonne ville d'Orléans, le 8 mai 1446, le receveur donnait
IV livres 16 sols p. « à Mahiet Gaulchier, paintre, pour
don faict aux compagnons qui jouèrent le mistaire de
Saint-Éstienne pour leur ayder à soustenir la despense
de leurs chaffaulx et aultres choses. »

Ce mystère nous est connu et nos pères étaient certainement animés de sentiments bien pieux pour entendre toutes les tirades de ce poëme (1).

Il y avait surtout deux circonstances où les compagnons représentaient leurs mystères : la solennité du
8 mai et l'entrée d'un grand seigneur ; nous n'avons jamais vu d'autres fêtes ainsi célébrées.

Le roi Louis XI vint à Orléans en 1461 ; les enfants de
chœur qui avaient apporté un buffet d'orgue, chantèrent
mélodieusement en s'accompagnant et reçurent seize
sous. Des échafauds avaient été dressés au coin Maugas
et à la porte Dunoise pour y faire des personnages.

Mais ce fut en 1463, à la fête de la ville, qu'on cons-
truisit pour la première fois un grand théâtre auprès du
pont des Tourelles; là se réunissaient sur les planches musiciens et confrères qui réjouissaient beaucoup le peuple
par leurs fanfares et leurs plaisanteries. La foule les ac-
cueillait avec de frénétiques applaudissements; car elle
aimait à entendre sans cesse de nouvelles plaisanteries
contre les Anglais.

En 1499, le 19 avril, Louis XII fut charmé des pièces
qu'il vit jouer par les compagnons et dont la plus im-

---

(1) *Mystères inédits du* XV° *siècle*, par Achille Jubinal, Paris,
1837.

portante fut *Charlemagne*, pièce nouvelle que nous ne connaissons point non plus, car nous ne pouvons supposer qu'il soit ici question du poème de J. Bodel intitulé le *Guiteclin* ou *les Trente-Trois campagnes de l'empereur contre les Saxons*. Ce mystère aurait plutôt été tiré de la fameuse chanson de *Rolland*, si célèbre pendant tout le moyen-âge ; car, après avoir fait l'objet d'un cycle épique qui porte son nom, il eût été fort surprenant que la verve dramatique de nos poètes n'eut pas mis Charlemagne en scène.

L'arrivée à Orléans d'Anne de Bretagne huit mois après celle de Louis XII excita un véritable enthousiasme et pour la première fois, il y eut, disent les Comptes, un spectacle public. Les échevins voulant recevoir dignement la reine, firent publier à son de trompe dans les rues et carrefours de ne rien épargner pour cette circonstance ; et les procureurs, qui avaient appris qu'un des écoliers avait fait une comédie ou mystère, permirent aux élèves de l'Université de la jouer dans une des salles de leur nouvel hôtel, rue Sainte-Catherine. Quelle était cette pièce, nous n'en savons rien ; mais il y eut en outre des personnages et des échafauds au coin de la porte Dunoise, au coin des Chappeaux, à Saint-Pierre-Empont, à Bonne-Nouvelle, et en plusieurs autres lieux

A dater de ce moment, les représentations se donnèrent dans l'Hôtel-de-Ville et aux frais de la commune, et les échevins qui voulaient s'attirer l'affection des habitants ne négligeaient aucune occasion pour les amuser. Tours venait d'assister à un nouveau mystère qui avait passionné toute la ville, c'était l'*Homme pécheur*, à soixante personnages, en vers, dont la représentation durait plusieurs jours (1). Orléans voulut jouir d'un tel spectacle et en 1507, le 15 mai, la ville fut ravie de cette pièce. Aussi la municipalité n'épargna rien, et il fut payé trente-huit sous par Agnan Levassor, receveur des deniers communs à Jehan Guillaume, charpentier, pour faire « selles, marchepieds, huis, entrées, galleries, des eschafaulx des échevins et faire la clôture des deux côtés auxdits eschafaulx pour voir jouer les mystères de l'*Homme pécheur*. »

Mais cette pièce était fort longue, nous l'avons vu, la représentation durait six et quelquefois huit heures. Qu'y a-t-il d'étonnant ! Le mystère de *Saint-Denis* joué à Seurre, petite ville de Bourgogne, au xv⁰ siéle, commença le dimanche à midi et se continua jusqu'au mercredi avec deux séances par jour, car les heures sont indiquées, depuis huit jusqu'à onze, et pour le soir, de midi à cinq et même six heures. Le mystère devenait de la sorte une véritable passion. Et cependant la faim se faisant sentir, il fallait y songer : le peuple alors apportait de la nourriture et mangeait durant l'intervalle des entre actes. Mais les notables et les bourgeois ne le pouvaient pas : aussi des collations leur étaient offertes aux frais de la commune, comme le prouvent les Comptes pour la représentation de cette pièce.

« Il fut payé 107 livres, 6 sous et 3 deniers pour des collations que firent Messieurs les échevins à l'ostel de

______

(1) Elle contient 22,000 vers : elle est à lonneur et louëge de ntre Seignūr.

ville avec plusieurs bourgeois estant avec eulx aux chaffaulx voir jouer le mystère de l'*Homme pêcheur* à diverses et plusieurs foys audict ostel où ils conversent. »

Ainsi, pour contenter la multitude avide de ces représentations, il fallut recommencer ce mystère : d'ailleurs le local devenait trop petit et ne pouvait contenir toute la foule.

Cette pièce n'a pourtant rien qui soit capable de charmer, à moins que la musique des intermèdes n'eût le don de captiver les cœurs.

Mais ces mystères qui passionnaient alors et que nous ne comprenons plus aujourd'hui, non-seulement plaisaient aux auditeurs, mais encore excitaient la verve et le talent poétique des professeurs de l'Université. Le roi François Ier vint à Orléans le 18 mai 1515 ; la ville n'épargna aucune dépense et on lit dans les Comptes que Guillaume Roillard l'aîné, « est chargé de payer 4 livres à Me Antoine Robin, à Marin Gymière et à Jehan Thibaut, regens à Orléans pour avoir fait et composé plusieurs autorités et proverbes, tant en latin qu'en français, iceulx avoir estudié pour les dire et déclamer et aussi avoir été par eulx fait et composé certains mystères qui estoient fort beaux. »

Outre ces spectacles publics dont la ville fournissait les frais, il y avait encore des maisons particulières où se jouaient des pièces devant des auditeurs privilégiés, et à ce sujet nous voyons en l'année 1550, l'archevêque de Lyon, qui habitait dans le cloître Sainte-Croix, demander au chapitre de la cathédrale la permission de dresser deux échafauds devant servir uniquement à ses

gens pour représenter les mystères du *Jugement dernier*.

Nous nous arrêtons au milieu du XVIe siècle; les
mystères vont faire place aux véritables tragédies
comme nous avons vu les petites pièces jouées à Fleury
donner naissance aux représentations du moyen-âge. La
fête des Fous qui avait lieu le jour des Saints-Innocents
fut supprimée et dès lors la vénérable confrérie tomba
d'elle-même. Leurs saturnales excitaient cependant un
délire indescriptible et digne du romancier anglais : les
compagnons, les musiciens, les ménétriers et les enfants de chœur s'emparaient de la cathédrale pour y
chanter, revêtus d'ornements bizarres, une prose composée de trois versets dont le refrain était le braiment
d'un âne contrefait d'abord par une seule voix et ensuite
par tous les assistants accourus en foule à cette plai-
sante cérémonie. Les parodies inconvenantes que l'Église
avait tolérées jusque-là, furent enfin défendues, le 28 décembre 1530, et les acteurs, se contentant d'une somme
d'argent pour faire un banquet, brisèrent les liens de
leur société.

D'ailleurs les malheurs qui devaient s'appesantir sur
la ville commençaient déjà, et ils étaient grands : aussi
Orléans ne verra plus de mystère ; dans ses murs se dé-
rouleront au milieu du sang et de l'abomination les actes
interminables d'une pièce affreuse qui durera dix ans ;
les péripéties seront la Réforme, la Ligue en deviendra
le nœud.

Tels sont les modestes renseignements que nous ont
fournis les comptes de la ville sur les mystères joués à

Orléans. Nous avons passé en revue les deux périodes de l'enseignement donné à la jeunesse dans notre pays par les mystères représentés pour l'amusement des enfants et du peuple. Si nous possédons encore les pièces de Fleury, il faut nous en réjouir, car elles sont uniques en leur genre, et la gloire en rejaillit sur notre heureux pays. Ces jeux monastiques franchirent l'abbaye et donnèrent peut-être l'idée du drame ; du moins ils contenaient les germes de notre opéra.

Orléans continua cette noble tradition bénédictine pendant le moyen-âge jusqu'à la Renaissance, et si notre ville n'innova rien pour les mystères, elle sut en représenter les plus beaux ; grand honneur pour notre province déjà si riche de souvenirs et d'enseignements : pourtant, il nous reste un regret, celui de n'avoir pu découvrir ce qu'étaient les mystères de *Charlemagne*, ce que furent les farces *des Laboureurs, des Vertus morales, et le Combat de David et de Goliath.*

Ces ouvrages, surtout le dernier, devaient renfermer des choses extrêmement plaisantes et tout-à-fait assaisonnées de ce sel piquant et malin qu'aimaient tant nos pères et qui leur a valu le surnom de Guépin. L'esprit orléanais s'y montrait tout entier : Goliath était peut-être la personnification de l'Anglais tombant lourdement dans la Loire sous les coups habiles du jeune David qui ne serait autre que la Pucelle ; mais ce n'est qu'une supposition ne s'appuyant sur aucune preuve. Aussi, disons-le encore une fois, nous regrettons amèrement le silence obstiné de nos historiens qu'il nous est impossible d'expliquer : pas un mot ne se trouve sous leurs plumes pour nous donner quelques détails. Lemaire nomme, il est vrai, le mystère de *Charlemagne* ; mais il se tait aussitôt, comme s'il eût été défendu de divulguer quoi que ce soit à ce sujet.

D'ailleurs nous n'avons pas compulsé tous les comptes de la ville, ce qui eût été une recherche trop longue : ce que nous avons dit peut suffire pour prouver qu'Orléans n'a rien à envier aux autres villes, Paris excepté. Faisons donc des vœux ardents pour qu'un jour soient exhumées de la poussière ces pièces, si elles existent encore : leurs débris même mutilés seraient pour nous un enseignement précieux, parce que nous y découvririons comme dans un miroir le véritable caractère de nos ancêtres. Hâtons donc ce moment que l'avenir seul connaît et nous dévoilera, si nous savons l'interroger et le forcer à rompre son silence.

Orléans, — Imp Ernest Colas

Orléans — Imp. Ernest Colas.